AF429025

Nudo

Nahý

Italiano-Ceco

Libro illustrato bilingue per bambini

Richard Carlson

Suzanne Carlson

© copyright 2023 Richard Carlson
Illustrations © copyright 2023 Suzanne Carlson

All rights reserved.

The author would like to thank the illustrator and translators for their help.

I miei due fratelli minori, Michael e Steven, ed io stavamo lottando in un'enorme, densa e profonda pozzanghera di fango nel nostro cortile. Poi, è arrivata l'ora di cena.

La mamma è entrata nel cortile sul retro e ha detto: "Spogliatevi che vi lavo".

Pral jsem se na dvoře s mladšími bratry Michaelem a Stevenem v obrovské hluboké kaluži plné mazlavého bláta. A pak přišel čas večeře.

Na dvůr vyšla máma a řekla nám: „Svlékněte se, opláchnu vás vodou z hadice."

Michael e Steven si sono tolti tutti i vestiti, ma io ho lasciato le mutande.

"Togliti le mutande", ha detto la mamma.

Michael a Steven si svlékli všechno oblečení, ale já si nechal trenky.

„Svlékni si trenky," řekla máma.

Mi è venuto un nodo in gola. Sarah, una ragazza della mia età, abitava nella casa accanto.

Sarebbe stato già abbastanza brutto per una ragazza vedermi in mutande, figuriamoci vedermi nudo. Sentivo il cuore che mi batteva in gola.

Sevřel se mi žaludek. Vedle nás bydlela Sarah, dívka zhruba stejně stará jako já.

Dost nepříjemné by bylo, už jen kdyby mě holka viděla ve spodním prádle, natožpak nahého. Cítil jsem, jak mi srdce buší až v krku.

"Non voglio", risposi, accigliato e indicando la casa accanto alla nostra. "Sarah potrebbe vedermi nudo".

„Nechci,“ odpověděl jsem, zamračil se a ukázal na vedlejší dům. „Sarah by mě mohla uvidět nahého.“

"Va bene, puoi lasciartele addosso", ha risposto la mamma con un grande sorriso. Ho sentito il mio stomaco nervoso e tremante tornare alla normalità.

„Dobře, můžeš si je nechat na sobě," odpověděla máma s širokým úsměvem. Cítil jsem, jak se můj nervózní, rozbouřený žaludek uklidnil.

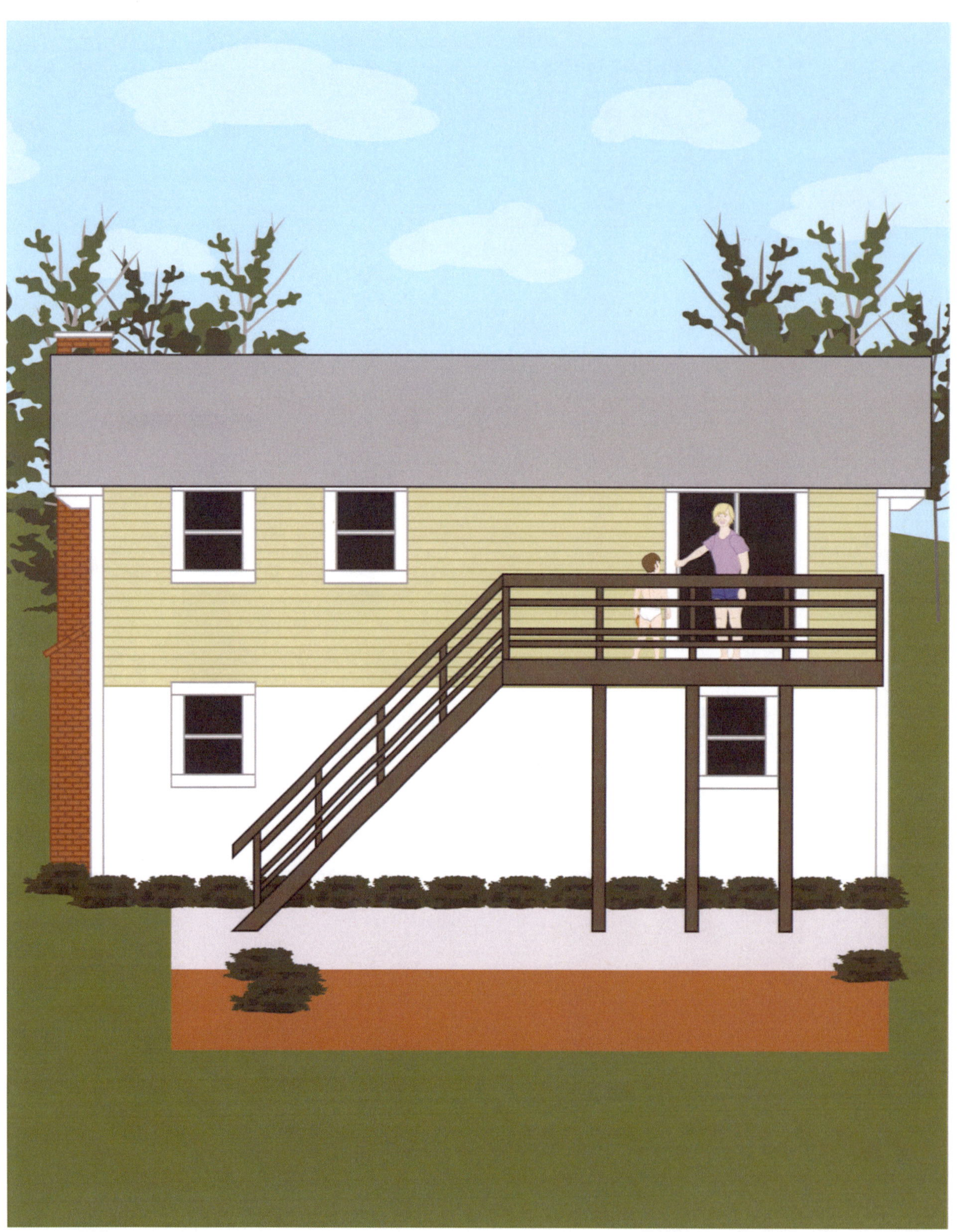

La mamma mi ha spruzzato per lavarmi, poi abbiamo salito le scale fino al pianerottolo e siamo entrati attraverso la porta scorrevole.

Máma mě osprchovala a potom jsme vyšli po schodech na terasu a posuvnými dveřmi domů.

Dentro, mi sono sentito al sicuro, allora mi sono tolto le mutande. I miei fratelli ed io andammo velocemente, nudi, nelle nostre camere da letto e ci vestimmo di fresco.

Sono così felice di aver detto alla mamma come mi sentivo!

Uvnitř jsem se cítil v bezpečí, tak jsem si spodní prádlo už svlékl. Spěchali jsme s bratry nazí do pokojíčků a oblékli si čisté oblečení.

Je moc dobře, že jsem mámě řekl, jak jsem se cítil!

Informazioni sul libro: Richard è un ragazzo molto timido, sensibile e fantasioso. Non c'è niente di più imbarazzante per lui di essere visto nudo da una ragazza. La mamma capirà la sua situazione e lo aiuterà a uscire dalla situazione scomoda in cui si trova? Basato su una storia vera accaduta a Stormville, nello stato di New York, USA, intorno al 1979.

L'autore: Richard Carlson Jr. è un autore di libri bilingui per bambini. www.richardcarlson.com

L'illustratrice: Suzanne Carlson, artista dotata di un talento poliedrico, si diverte a creare un'ampia gamma di progetti. www.suzannecarlson.com

www.ingramcontent.com/pod-product-compliance
Lightning Source LLC
Chambersburg PA
CBRC090749110726
48005CB00008B/1016